SUR GRIN VOS CONNAISSANCES
SE FONT PAYER

AF149731

- Nous publions vos devoirs
  et votre thèse de bachelor et master

- Votre propre eBook et livre –
  dans tous les magasins principaux du monde

- Gagnez sur chaque vente

Téléchargez maintentant sur www.GRIN.com
et publiez gratuitement

Ana María Leiva Aguilera

"Les hommes qui marchent". Une analyse de la colonisation française et la Guerre de l'Indépendance algérienne

GRIN Verlag

Bibliografische Information der Deutschen Nationalbibliothek:

Die Deutsche Bibliothek verzeichnet diese Publikation in der Deutschen National-
bibliografie; detaillierte bibliografische Daten sind im Internet über http://dnb.d-
nb.de/ abrufbar.

Dieses Werk sowie alle darin enthaltenen einzelnen Beiträge und Abbildungen
sind urheberrechtlich geschützt. Jede Verwertung, die nicht ausdrücklich vom
Urheberrechtsschutz zugelassen ist, bedarf der vorherigen Zustimmung des Verla-
ges. Das gilt insbesondere für Vervielfältigungen, Bearbeitungen, Übersetzungen,
Mikroverfilmungen, Auswertungen durch Datenbanken und für die Einspeicherung
und Verarbeitung in elektronische Systeme. Alle Rechte, auch die des auszugsweisen
Nachdrucks, der fotomechanischen Wiedergabe (einschließlich Mikrokopie) sowie
der Auswertung durch Datenbanken oder ähnliche Einrichtungen, vorbehalten.

Imprint:

Copyright © 2012 GRIN Verlag GmbH
Druck und Bindung: Books on Demand GmbH, Norderstedt Germany
ISBN: 978-3-656-82031-4

This book at GRIN:

http://www.grin.com/fr/e-book/282424/les-hommes-qui-marchent-une-analyse-de-
la-colonisation-francaise-et

GRIN - Your knowledge has value

Der GRIN Verlag publiziert seit 1998 wissenschaftliche Arbeiten von Studenten, Hochschullehrern und anderen Akademikern als eBook und gedrucktes Buch. Die Verlagswebsite www.grin.com ist die ideale Plattform zur Veröffentlichung von Hausarbeiten, Abschlussarbeiten, wissenschaftlichen Aufsätzen, Dissertationen und Fachbüchern.

Visit us on the internet:

http://www.grin.com/

http://www.facebook.com/grincom

http://www.twitter.com/grin_com

Une analyse de la colonisation française et la Guerre de l'Indépendance algérienne à la lumière du libre: *Les hommes qui marchent* / Malika Mokeddem. Paris : Grasset, 2007 Édition. Nouveau tirage . 321 p. ISBN 9782246492511.-

Ana María Leiva Aguilera.-

Plusieurs fois la littérature nous montre un nouveau miroir de l'histoire, une autre manière de voir les causes, le développement, et même les conséquences d'événements. C'est le cas du livre qui nous occupe, écrit par une femme de lettres algérienne, Malika Mokeddem , née dans le sein d'une famille nomade et analphabète dans l'époque de la colonisation française de l'Algérie. Elle a grandi en écoutant les histoires de sa grand-mère bédouine, Zohra. A été la petite fille unique chez sa famille qui a reçu une école de niveau secondaire. Elle a fait front à un environnement machiste pour obtenir son objectif : étudier la course de médecine dans Orán.

L'auteur reflète dans ce roman l'aspect traumatique mais aussi positif qui lui a apporté le contact de deux cultures : l'Algérienne et la Française. C'est un roman très descriptif. Malika Mokeddem est dur dans les détails, dans les descriptions, dans la quantité de personnages, dans les données sur l'histoire de l'Algérie et la guerre de sa libération. Et le susdit va être l'objet de notre étude. Elle nous fait réfléchir à un monde pour nous ignoré.

Aux yeux de Malika, et depuis ses analyses historiques, je vais analyser tant le processus français de colonisation en Algérie comme le développement de la guerre jusqu'à arriver à l'indépendance. Je vais m'arrêter dans qu'ils ont eu plus d'importance dans le livre qui nous occupe : le papier de la femme et l'enseignement comme le chemin de sa libération.

L'Algérie avait été colonie française dès 1830. Beaucoup de colons se sont installés là puisque c'était un lieu proche pour la Méditerranée. Cela a fait que jusqu'à dix pour cent de la population algérienne était composée par des colons français (pieds-noirs) qui vont exercer naturellement une pression dure sur la France pour éviter l'indépendance algérienne. L'autre visage de la monnaie sera le mécontentement des Algériens avec son occupant. Ils se joindront dans un sentiment d'identité commune. Ce sera le commencement du nationalisme algérien augmenté après la deuxième Guerre Mondiale.

La première référence à l'Algérie apparaît dans le livre à la page quarante-trois : "il y avait l'Algérie". Et la première référence historique date de 1945 quand est fini la deuxième Guerre Mondiale avec "la victoire et la joie pour ils Français" et on reconnaît que beaucoup d'Algériens "venaient de donner leur vie aux côtés dessert Français" dans la Grande Guerre. Beaucoup de militaires algériens, qui avaient collaboré à libérer la France, se sont trouvés frustrés par le traitement reçu par les Français. Encore plus, s'ils avaient défendu les idées françaises de liberté et d'égalité en face de la tyrannie nazie était logique qu'ils demandasssent maintenant un peu de même. Dans ce point de mon discours, je veux expliquer que l'Algérie n'était pas pour l'état français une colonie, un protectorat comme il était le Maroc mais une autre province avec ses députés et avec une nombreuse population européenne, entre ceux-ci beaucoup d'Espagnols.

Dit l'antérieur, et en partant toujours de cette appréciation, dans le livre on fait référence, (page,84) à la colonisation française en marquant que les colons "entendaient maintenir...l'état de servitude" à la population arabe comme s'ils étaient des esclaves: "Petit bougnoul, travaille des mains, pas de la tête". Mais "heureusement il y avait d'autres Français avec des pensées et des volontés différentes", (page,84), ils étaient les "Pères Blancs". Il se parlera aussi de ce sujet après s'être rapporté à Tayed, un fils de Zhora qui travaillera de "jardinier chez des colons" (page,33). Aussi quand le docteur de l'armée française est appelé pour assister Sadia, la cousine de Leila, la nièce de Zhora. Saadia "avait accès à l'économat de l'armée", (page,90). et voilà qu'elle apportait les produits alimentaires dont l'existence n'avait jamais imaginé.

À la page quatre-vingt-treize l'auteur recommencé à parler de la colonisation "les colones étaient des hommes de comptabilité". Ils étaient avares. Pour ceux-ci "l'ignorant indigène était juste bon à leur servir d'esclave". Les rumies, comme ils les appelaient, étaient arrogants dans ses îlots dorés et poussaient aux Maures à l'insurrection.

Mais dans le processus de colonisation non tout a été négatif puisque « la colonisation a ouvert beaucoup de portes à la libération de la femme ". Si d'un côté elle a supposé l'installation forcée des tribus nomades, comme il apparaît dans ce roman, elle a aussi généré des noeuds affectifs et pour les femmes musulmanes il a signifié " l'accès à la scolarisation, à la langue française et à un chemin d'égalité à travers de la formation. Dans cette histoire, les protagonistes féminines pensent, sentent, se rebellent. Elles veulent étudier, apprennent à écrire bien qu'il soit dans le sable fin du désert, fuient de la tradition. Ce roman c'est une oeuvre que, représente très bien la voix d'une femme francophone originaire du Maghreb. La narrative est Laila, mais utilise la voix de sa grand-mère. Leila, une petite fille "qui se refuse à assumer le statut social que son sexe l'assigne, se réfugie dans les livres et repousse la maternité parce que c'est le symbole que perpétuer la tradition". Le roman est peuplé par les femmes qui établissent des noeuds malgré la distance culturelle et ethnique qui existe entre plusieurs d'elles. L'Algérie apparaît sous un point de vue féminin.

Pendant cette guerre, comme dans toutes, la femme va dégager un papier fondamental puisque, (page, 97) : "beaucoup de foyers étaient tenus par des femmes seules" car beaucoup d'hommes "étaient au maquis ou en prison".

À la page 132 on dit : "Avec la guerre de libération, le répertoire des hadres ("des réunions de femmes autour de la célébration d'allah et de son prophète") se transformait en formidable outil de résistance et de propagande" (page ,129). Les youyous contribuaient à l'avance de la liberté, (page, 133). "Un jour viendrait ... où toutes les femmes en Algérie vivraient comme...Sâdia, comme Mme Bensoussan ou comme la bernard".

2

Mais les espérances et les sommeils par la liberté des femmes algériennes sont restés frustrés et ainsi, à la page 246, elle spécifie que : "Au lendemain de l'independence, la première préoccupation des hommes était encore et toujours de cacher, de cloître leurs femmes. Liberté oui, mais pas pour tout le monde. Il fallait vite remettre les choses en ordre, réaffirmer les traditions et ne pas laisser les femmes se griser et gloser plus longtemps."..."Les maintenir, elles, dans l'ancienne condition : la soumission". Par cela à la fin du cap un XIe Leila dit "Ils ont détruit mes souvenirs d'enfant et veulent brider mes espoirs".

On analyse les destinations d'une tribu nomade à travers de trois générations, de la grand-mère Zhora à la petite fille Laila, et aussi "une manière parfaite de connaître l'histoire de la relation entre la France et l'Algérie et la réalité complexe de la colonisation".

Ce roman va être « un vrai chant de l'amour de toutes les femmes du désert ». À travers de ce roman fabuleux nous pouvons connaître les femmes du désert et s'approcher en Algérie qui se transforme entre deux mondes, entre la liberté et l'intégrisme. Une critique en France colonisatrice qui n'a jamais été un exemple d'accueil et d'intégration.

Tout qui restait à la femme algérienne était l'éducation, sa formation, la connaissance comme le chemin de la libération. Par cela, l'analyse de cet aspect me devient nécessaire. Dans le livre il y a une grande préoccupation par l'apprentissage de la lecture et de l'écriture que nous voyons dans presque tous les personnages. En 1957, (page, 123), « le nombre d'Algériennes à l'ècole se comptait alors sur les doigs des mains". Sous la colonisation française dans les écoles algériennes ils apprenaient la "Marseillaise" à tous les enfants. Ils les avaient aussi fait confectionner des drapeaux tricolores avec une feuille collée à une règle et crier :"Algérie française".

Ici, peut voir le sujet de l'écriture et de la lecture comme route de fuite. Écrire suppose pour celles-ci une transgression parce que la littérature est une tradition d'hommes, la femme a seulement occupé le papier de muse inspiratrice. Les livres ont été une table solide de salut. Quand l'auteur avait 12 ans, elle avait peur que ses parents l'obligeassent à se marier. Et voilà qu'elle disait que si cela arrivait, elle partirait de sa maison bien que les animaux du désert la mangeassent. "Les livres moi-même me permettaient d'apprendre à être", elle a commenté. Son unique liberté était la lecture.

En octobre 1954, quand Tayed "inscrivit son aînée à l'école", (page, 84), "le coup d'envoi de la guerre d'Algerie était donné". Ici une autre référence apparaît puisque dans ces années les Algériens dans le désert commençaient à être scolarisés ... (mais) ... seulement dans de très rares occasions les petites filles " "Des Algériens à l'école, il n'y en a pas beaucoup des Algériennes encore moins"

Après l'Indépendance, il a eu beaucoup d'importance, le CCF (Centre culturel français), (page, 272). Bien que "les accords de coopération pour l'enseignement de la langue árabe aient été passés en majeure partie avec l'Egipte" (page, 283). "Boumediene ...

pour se doter d'une légitimité religieuse abandonnait l'enseignement à des obscurantistes".

Une fois analysait le processus de colonisation, ses conséquences dans l'enseignement et dans le papier de la femme. il convient maintenant de développer, porté de la main de l'auteur, tout le processus de lutte du peuple Algérien par son indépendance.

À la page 93 on parle du gouvernement de Mendes qui a promulgué en 1947 la loi-cadre, une loi qui facilitait arriver à une République. Les algériens avaient mis à lui ses espérances, mais en février 1955 Mendes "etait renversé par les soins de quelques gros colons". Les Français puissants de l'Algérie voulaient dicter ses lois au gouvernement de la République.

On nomme les gouvernements de Soustelle, Lacoste et de Delouvrier mais, (page,94), "aucun ne parviendra, malgré quelques vellèités à améliorer le sort des Algériens" qui avaient perdu la confiance et promet de la métropole.

Les Français tuaient les Arabes et "tout ce sang répandu vient même de lui donner un nouveau souffle…à la révolution", (page, 95). À la page 98 on parle de la Main Rouge "une organisation antinationaliste" qui avait tué Alí (un oncle de Leila et un actif militant du parti communiste). Par cela le peuple algérien était rassasié des abus des colons français et le sentiment nationaliste se joint dans un mouvement politique: le Front de Liberation National qui va arriver à être le vrai moteur de l'indépendance. Il va coordonner l'effort de tout un peuple contre l'occupant français qui n'accède pas aux demandes des Algériens. Même les aides économiques données par la France en Algérie étaient discriminatoires puisque les aides étaient destinées aux colons et non pour la majorité des algériens qui voyaient comme la France ne regardait pas par ses intérêts. À cela il est ajouté que les Algériens ont trouvé le moment propice pour échapper au joug français quand ceux-ci sont battus dans Vietnam.

"La presse locale…se refusait à considérer les accrochages des Aurès et de la Kabylie comme l'amorce d'un mouvement structuré, d'une guerre.", (une fine de la page, 92) ceux-là à qui "la presse qualifiait des bandes de brigands, étaient bien des combattants", (page, 93). Ils étaient "flamme de la rébelion" de l'Algérie. Des Aurés, " il partait …, la respiration de la révolte", (page, 93). Les colons français ont retiré ses meilleures terres aux algériens, par cela les premiers foyers de résistance se sont rendus dans un monde rural qui sera fondamental dans le processus de guérillas qui a débouché à la guerre de l'Indépendance. Ces montagnes cachaient les maquis. Ils étaient mesalistes puisqu'ils suivaient le cheikh Messali Hayi "qui…avait le don de galvaniser et d'embraser les foules (mais) ne passait pas à l'action", (page, 93).

À la page quatre-vingt-six on dit que "la guerre de libération avait comencé ce première noviembre 1954" et la tactique utilisée par les Algériens a été la typique des mouvements révolutionnaires qui font front à une armée organisée. Une lutte sur un champ ouvert serait impensable par le désavantage algérien, par cela ils optent pour les attaques par surprise, des attentats terroristes, couper des communications, empêcher les fournitures et surtout démoraliser au contraire. En revanche les Français vont utiliser des méthodes contondantes contre un ennemi sans visage: des tortures répandues, des arrêts massifs, des exécutions sans jugement. Lès rebelles n'avaient pas de rapidité et au plan international ils gagnaient un prestige et un appui de l'Union soviétique et ses alliés. Des pays communistes et de l'Égypte de Nasser, procédaient, les armes que le FLN utilisait.

À la page 102 on parle du FLN et de son intervention dans la bataille d'Alger qui "faisait rage", "des bombes explosaient dans des lieux publics tuant des innocents". Les Français ont répondu avec une "répression sauvage" qui s´abattait sur la ville. "La tortue se systématisait". Par cela, pendant la guerre, "Les Algériens misérables, illettrés et persécutés vivaient avec la peur au ventre".

La guerre de l'Algérie, nous pouvons dire que dans certaines manières, c'était une guerre civile puisque même l'armée française ne savait pas très bien qui était l'ennemi. Les propres Français étaient victimes d'embuscades et d'attentats, même dinamitaron des zones où on supposait que les suspects se cachaient. Mais ne se savait pas qui lès commettait; par cela, pour obtenir une information il fallait l'arracher de force, au moyen de la torture. Cela a eu un effet immédiat et tous les habitants de l'Algérie se sont convertis en ennemis de la France.

En 1955, "La guerre qui avait éclaté le première novembre 1954 ne s´étendait pas à l´Oranie", (page, 92). Il s'était rendu avec les commencements de la guerre à une situation d'isolement, non seul du Maroc et Tunis mais même par la disparition d'émissions de la radio comme "Saout l'arab", "le voix désert les Arabes". Cela a provoqué tant un manque de l'information comme de déformation.

Á l'été de 1956 la situation est arrivée à être très violente puisque les indépendantistes ont fait dérailler un train, ils ont renversé un réservoir d'eau et ont assassiné quelques Européens. Les Français ont essayé d'effrayer le FLN et ont exécuté deux condamnés à une mort. La réponse a été immédiate puisque des groupes terroristes ont ouvert un feu contre la population européenne qui se trouvait dans les terrasses des snack-bars centraux, en causant quelques morts et dizaines de blessés. Immédiatement des forces militaires ont pénétré dans la casbah, le quartier natif d'Alger, ont arrêté quelques suspects, ont mis en pièces ses maisons et ont fait feu contre ceux qui s'enfuyaient. Si jusqu'à ce moment la lutte s'était développée sur le champ, maintenant il serait dans la capitale.

En 1956, presque toutes organisations nationalistes de l'Algérie s'étaient mises à faire partie du FLN qui est resté comme un groupe hégémonique du mouvement indépendantiste en appuyant au reste d'organisations dissidentes.

Et, pendant l´été 1956, (page, 102), "un bateau transportant des armes pour le compte du FLN fut arraisonné au large d´Oran par l´armée française". Á la page 107 on dit que dans 1957 "les leaders du FLN appelaient les Algériens à une grève générale".

Les Algériens adhérents au FLN étaient beaucoup et payaient, (page, 136), "l'argent des cotisations pour le FLN et s'occupait du ravitaillement en matériel et vivres dont le plus pressant, l'eau".

En février 1957 (page, 114) Larbie Ben M'Hidi "est emprisonné" et tout de suite ils le tuent après l'avoir torturé. Il, avec Youset Saadi, Aila Pointe et les "soeurs de la révolution», (page, 114), étaient considérés par Leila "comme des sortes de demi-dieux..qui habitaient les cimes des montagnes".

De Gaulle a été un personnage décisif pour le processus d'indépendance en Algérie, (page, 118). "De Gaulle fit une tournée dans le Sud algérien. Il vint jusqu'à Kénadsa". Il est décrit à la page 69, Cap III comme "un gros bourg de l'ouest du désert», un lieu où la famille de Zhora s'établit et elle le décrit en détail, (page, 71) : "le labyrinthe des ruelles, l'odeur de la terre que les femmes arrosaient et balayaient. Les senteurs de cannelle, cumin, menthe…les couleurs des épices…les gazouillins des enfants…Les femmes drapées des voules noirs … comme les ombres du soir".

« Au début de l'été », (page, 119), "L'armée française fermait la frontière entre le Maroc et L'Algérie pour tenter d'enrager la fuite des familles vers ce pays voisin", (page,120)

La radio occupe un lieu très important pour le développement argumental, puisqu'elle sert pour temporalizar les événements. Elle substitue aux caravanes qui apportaient jusqu'alors les nouvelles (Cap III page, 81), " l'oeil … qui voit tout à travers nettoyez-le". Nous connaissons des commencements de la guerre à travers de la référence à une émettrice de radio arabe, la TSF, qui toujours depuis Le Caire transmettait à les algériens. Elle mesurait une heure de nouvelles mais… maintenant s'était tue. Le même est arrivé avec le Maroc et Tunis qu'ils ont tu. Par cela l'Algérie est restée isolée.

À la page 134 on spécifie le papier fondamental qui a l'eau dans cette guerre, dans un lieu désertique. Les puits seront points névralgiques, essentiels pour la survie à la guerre. Ils étaient soumis par cela à une vigilance intense.

Elle se rapporte, à la page 151, aux pieds-noirs qui parlaient de leur pays, l'Algerie "eux qui … avaient amené de Gaulle au pouvoir", (page, 152), le 18 juin. Zhora déclare, (page, 194), que "les pieds noirs sont tellement butés. Ils ne veulent pas comprendre". Elle appuyait la cause algérienne et cela l'avait toujours créé des ennemis.

Dans un autre sens, il semble aussi intéressant quand il nous parle du " quartier ouvrier française, "le Pourini", (page, 152), "les familles y étaient d'origine espagnole, maltaise, sicilienne, calabraise"…"les femmes y avaient des allures de mamas italiennes ou andalouses", entourées d'un tas de gamins, en chantant aux portes de ses maisons …"des fênetres…ouvertes, se dégageaient de fortes odeurs d'ail at de poivrons frits, d'huile d'olive". Algeria est aussi comme l'Espagne, un pays producteur d'huile d'olive.

Les Français ont utilisé des parachutistes dans plusieurs occasions pour prendre quelques zones. Cela apparaît à la page 171, en janvier 1960 "un enfer d'hélicoptères dans un ciel d'un bleu de guerre...les <tachés> de Bigeard avaient investi places et rues".

Les Algériens, poursuivis par la guerre, comprenaient qu'ils devaient résister. Sa lutte était une guerre psychologique, (page, 172), "ils ne peuvent tout de mème pas emprisonner ou fusiller tous les Algériens du village".

À la page 180, en février 1960, elle confirme que : " à Reggane plus au sud, dans le grand Touat, explosa la première bombe atomique française". Et les Algériens disaient "on veut nous exterminer, "dans les mosqués, les hommes prièrent longuement".

L'analyse des trois communautés qui résidaient en Algérie va être fondamentale pour nous donner une vision complète du développement des événements. L'auteur nous donne quelques références, (page, 154), très spécifiques à ce sujet : Juifs et des Arabes "ne mélangeait pas (et) c'était un miracle qu'ils vivaient ensemble dans une paix depuis il faisait tant de temps». Aussi une référence apparaît en 1958 quand le comité international a commandé un juif " d'anquêter sur les conditions de vie de sa communauté" ... "fut abattu lors d'un accrochage " entre les hommes de Boumediene et l'armée française", (page, 158).

Les trois communautés qui vivaient ensemble en Algérie : des Français, des Arabes et des Juifs étaient racistes. Le peuple était divisé "chacun à sa place, selon son ethnie d'abord, selon sa bourse ensuite. Chacun son territoire en dehors duquel il devenait l'intrus. On ne se mélangeait pas, non. On s'observait et on se surveillait".

La population juive dégageait un papier important puisque tant " géographiquement comme humainement, « il faisait office de tampon entre les deux autres communautés, musulmane et chrétienne », (page, 153). Nous connaissons les Juifs à travers de Sara, une amie de Leila, (page, 158), "Beaucoup ne comprenaient pas les Français", (page, 126). Vivaient en Algérie avant l'arrivée des pieds-noir. "Le décret, Crémieux les avait faits français". Juits et Arabes vivaient, posiblement ensemble, depuis si longtemps que c'était presque un miracle. Mais maintenant, avec la guerre, "les pieds-noir leur reprochaient de ne pas être totalement de leur côté". Même, sa situation s'aggrave puisque "pour compléter l'ambiguité de la situation, l'état d'Israel se prononçait maintenant pour une Algérie française.

En 1958 le FLN a établi des bases dans tous côtés, (page, 159), aussi il "avait établi une base à Ojuda, juste à l'arrière de la ferme Boulaloufa", (page, 163). Le FLN "imposait lui aussi maintes interdictions. Consommer de l'alcohol et même fumer dans des lieux publics devenait condamnable", (page, 164). Il est arrivé à devenir si fort que "à la mi-septembre de Gaulle avait proclamé le droit des Algériens à l'autodétermination, par la voie du référendum".

À le page 188 une nouvelle référence au FLN est faite: "Khellil trouva rapidement un poste de comptable aux mines de fer" près de la frotière saharoui..."il dimissionna des HSO"...et "il charge son frère de lui trouver un remplaçant dans sa fonction pour le

FLN et de payer ses cotisations". Dans l'été des 60, (page,188), "l'espoir de paix se concrétisait. Des émissaires de De Gaulle et du gouvernement provisoire algérien s'étaient rencontrés en juin". Des mois plus tard, quand l'hiver a approcheté, (page, 193), "Hiver 1961"..."La guerre s'éternisait .... Les militaires sévissaient. Cantonnés dans leurs territoires respectifs, les civils s'épiaient les uns des autres se méfiaient, entre ceux-ci il y avait aussi comme une guerre froide.

La politique de Gaule a été approuvée dans un référendum, mais cela, (page, 193), "ne changeait rien au quotidien des bougnouls affamés et traqués". "Des gros colons qui dictaient la politique de la France en Algérie" doutaient si De Gaulle il pourrait s'imposer : Pour sa part les colons se sentaient aussi trahis par De Gaulle et pensaient qu'ou ils partaient ou ils mourraient : "Il ne nous reste plus que la valise ou le cercueil. Un groupe de colons du nord, "des ultras menaçaient de mettre l'Algérie à feu et sang".

En avril 1961 il y a eu, (page, 196), un "putsch généraux désert" des algériens, (1) "Cuartelazo des généraux retraités" suivi par "ils caserolades quartiers pieds-noirs désert". Au troisième jour il a échoué "le putsch avortait, Challe se rendait à la justice française", et l'autre appelé Salent "passé (d'abord) aux clandestinités" mais tout de suite "il prendrait bientôt la tête de l'Organisation Armée Secrète, l'OAS qui allait ensanglanter le pays".

Le triomphe de ce coup a porté à la dissolution de quatrième république et il a mis au général, déjà retiré, De Gaulle comme président d'un gouvernement de salut national à la tête de cinquième République. De Gaulle il est arrivé à l'Algérie et a calmé les intentions des putschistes. Mais ceux-ci ont vérifié, tout de suite, que De Gaulle il n'était pas partisan de la continuation de la guerre. Par cela ils ont donné le deuxième coup en avril 1961, le coup des généraux, qui a échoué, après ne pas avoir reçu comme l'antérieur, l'appui de la population civile européenne et une dépêche de l'algérienne.

En mai 1961, (page, 196), la conférence sur Evian a été convoquée et elle a été suivie par "une trêve militaire française et de la libération de nombreux prisonners". Aussi la frontière marocaine a été ouverte aux femmes et aux enfants, non aux hommes. Il sortait quotidiennement un train vers le Maroc, rempli et "bondé de femmes et d'enfants", (page, 197). Aussi à la page 205, elle dit que: "Dans le reste du Maroc, on surnommait Oujda "la deuxième Algérie" L'émigration est devenue massive "depuis 1957", (page, 204) et cela a occasionné les problèmes de superpeuplement qui ont eu à être résolus avec l'aide "des organisations internationales, telle la Croix-Rouge, et l'aide financière de nombreux pays.

Et plus loin, en octobre 1961, (page, 210), "de Gaulle s'était prononcé pour l'autodétermination par la voie d'un référendum". Mais cela n'a pas empêché que "le première novembre suivant" l'anniversaire de l'éclatement de la révolution algérienne était sanglant. Il eut attenté avec explosifs et des bombes. Même dans l'école la tension se voyait puisque "les fillettes de deux communautés se jetaient des regards rosses et s'assénaient des propos vindicatifs"… "Certains gestes faisaient figures de symboles", de cette façon une main ouverte c'était un empan pour indiquer l'ennemi qui ils ne lui laisseraient pas d'empan de sa terre.

---

(1) Le 13 mai 1958 un groupe de généraux français : Slan, Gracieux et le général Massu, avec l'appui de diverses organisations patriotiques de Français algériens, ils ont donné un coup connu comme le putsch d'Alger et ils ont pris le contrôle de l'Algérie. Ce coup avait pour but empêcher la constitution du gouvernement et imposer le maintien de l'Algérie française à l'intérieur de la République.

Le sentiment de libération s'était étendu comme Tayed disait à la page 212 et voilà qu'ils auraient "prendre les armes pour libérer son pays est un devoir pour chacun". Le monde entier devait connaître l'injustice à laquelle son peuple était soumis. "Cette guerre qui depuis huit ans, dresse deux communautés, l´une contre l´autre". Pour ça, « dans un lieu où même les ressources naturelles permettraient de vivre tous, cette guerre devra cessel". "l´Algerie sera un pays libre ". Mais, tout de suite, un nouveau défi, pas moins compliqué, viendra, (page, 213), "autre lutte tout aussi longue et ardue pour l´independence économique, technique, culturelle…Il faudra assumer cette liberté, et vous verrez, ce ne sera pas un mince affaire".

Le conflit algérien il a été très singulier puisqu'il a fini dans un traité de paix. Après des négociations, longues et tendues, il s'est rendu à un accord entre le gouvernement Français et le FLN dans Evian en mars 1962 qui a été ratifié par les consultations populaires des deux peuples.

Le 7 mars de 1972, (page, 215), oubraient "les négociations à Evian. Douze jours plus tard…la radio annonça la proclamation d´un cessez-le-feu et la libération de Ben Bella. Mais, (page, 218) ", on parla du cessez-le-feu de l´OAS **(2)** qui saccageait le pays, de la grande déroute pied-noir. Ils partaient tous, meurtris et amers".

---

(2) OAS, Organisation de l'armée Secrète, une organisation terroriste française d'extrême droite dirigée par le général Raoul Salan qui est né en 1961 après la tentative tout à coup de l'État réalisé par Maurice Challe et les parachutistes de Massu, qui ont brutalement répondu devant l'attentat du FLN dans la période de recrudescence de la guerre entre les années 1956 et 1957. C'était un mouvement contrerévolutionnaire qui avait pour un objectif principal effrayer les insurgés algériens en utilisant les mêmes armes et de plus presionner au gouvernement français pour empêcher la négociation avec les rebelles.

Les Algériens préparent le retour dont ils ont émigré au Maroc puisque, (page, 219), "ils vont arriver en foule", mais "toute la population est décidée à les aider" même avec dons. Cependant les conséquences de la guerre étaient très présentes puisque le sang était toujours chaud et, (page, 219)," l'allégresse cédait encore parfois le pas à la douleur". Maintenant il était commencé à faire un bilan de ce qui leur avait coûté l'indépendance. Les familles se sont informées de combien de ceux-ci étaient tombés dans un combat. La souffrance était mêlée par la joie de l'Indépendance et les femmes n'avaient pas de force pour ses youyous fameux ."La joie avait désarmé les femmes".

On préparait le grand jour de l'indépendance, (page, 219), "régnait la fébrilité des préparatifs", "Yamina…confectionnait des drapeaux algériens", les gens préparaient la fête "des moutons engrassaient", (page, 220), "le prix de la viande risque de flamber cet été avec tous les méchoit qui seront organisés".

Mais l'indépendance a aussi eu d'autres conséquences, (page, 221): "elle découvrit un autre spectacle, l'autre versant du cessez-le-feu, la débacle pied noir. Les quartiers français sentaient l'abandon. Un grand nombre de villas étaient fermées, cernées par le silence". Et avec la fuite des Français aussi beaucoup des Juifs sont partis, (page, 222). "Leila n'avait pas imaginé un instant que le drame pied-noir pouvait emporter les Juifs", (page, 223). "Le quartier juif était encore plus silencieux et désolé que le quartier français". Les Juifs avaient peur de la nouvelle situation quand les Arabes gouverneront.

Le première juillet 1962, c'était le jour du référendum pour l'autodétermination, (chapitre XI, page, 229). "Même les femmes quittèrent leurs décheras pour aller voter". C'était quelque chose d'insolite mais les femmes avaient le droit au vote et… "Les Algériens votèrent massivement pour l'indépendance…le 3 juillet, le gouvernement provisoire de la République algérienne, conduit par Ben Khedda, s'installait à Alger. L'indépendance était proclamée, (page, 230). "La foule en folie conturnait les casernes, noeuds de la peur ajournée". Ils ont tourné les youyous et les trilles des femmes. Tout était une criaillerie sans fin: "clameurs à verse", "salves de baroud, mitrailles d'alloui…danses diverses".

L'auteur nous raconte, (cap XIII, page 271), comme, tout de suite, apparaîtra une période de coopération de la France avec l'Algérie et "beaucoup d'enseignements français mus par le désir de vivre et de travailler dans une Algérie enfin apaisé, foulaient son sol pour la première fois dans le cadre de la coopération."

Les Algériens ne vont pas savoir utiliser sa liberté, ils n'étaient pas préparés à cela. Ils n'ont pas non plus su conserver les édifices que les Français leur ont laissés, ce que c'est au moins ce qu'ils devraient avoir fait: (page, 246). "Les Algériens avaient réussi un tour de forcé: transformer en un mois le plus beau des quartiers en bidonville"… "Du sable envahissait les rues". À cela on unira que l'essor du pétrole, (page, 253) "avait des conséquences néfastes sur la région" puis que "l'or liquide dévaluait le charbon". Les mines se sont fermées et on a jeté ses ouvriers.

La "République démocratique et populaire n´allait pas tarder à montrer ses impostures, ses tyrannies partisanes et militaires" L'espérance était mise à l'éducation: "la accession nouvelle de milliers de petits algériens au savoir et leur soif d´apprendre ouvraient d´immenses espoirs", (page, 271). La santé a commencé à être gratuite et a diminué la mortalité surtout infantile, (page, 274). "Avec les campagnes de vaccinations et la gratuité des soins le taux de mortalité infantile baissait de façon spectaculaire."

La guerre a fini, (page, 277), mais la colonisation, qui est toujours un colosse en face d'un faible peuple "le pouvoir du silence", "la forcée ... des moyens colossaux face aux faibles ressources de l´incompétence". Bien que nous ayons à reconnaître qu'aussi "a laissé un germe dans le pays". De plus, (page, 281) quand l'indépendance a été obtenue il y aura une lutte par le pouvoir entre les propres algériens,"les uns contre les autres les dirigeants des différentes willayas militaires".

En septembre 1962 l'Assemblée Nationale Constituante désignait à Beau Ahmed Ben président de la République, **(3)** un symbole de la guerre de l'indépendance contre la France. Après le coup d'État des 1965 il s'est converti en symbole pour la liberté et la démocratie.

L'après-guerre n'est pas été différente de n'importe quel peuple dans cette situation: moins population active, moins de recours parce que les champs n'avaient pas été cultivés. De faim, de misère et surtout une douleur par la perte des vies perdues.

---

(3) Il a été président de 1962 à 1965 et il contraste avec la manière autoritaire de Boumediene depuis son coup dès 1965. Avec lui, avant 1065, l'Algérie était un pays plus libre puisque dès 1965 les militaires arrivent au pouvoir. Ben Bella est resté 15 ans dans une prison et là depuis la prison il s'est converti un ancien brigade français. En octobre l'indépendance de l'Algérie est proclamée et sa recette à l'ONU. L'Algérie sera le dernier pays du Maghreb d´en accéder à l'indépendance.

En juin 1965, (page, 281) y a eu un "coup d´état militaire en Algérie". Ils enlèvent Ben Bella et le dictateur Uchda Bumedian gouverne. Le régime de Bumedian voulait un fort état, supprimer les partis politiques et une presse sous vigilance. Il a défendu des organisations. Il a voulu contrôler tout, même l'université est restée sous le contrôle des surveillants du parti de l'intégrisme, (page, 311). Sous son pouvoir ils ont surgi en 1973 et 1974 "les brigades des moeurs", (page, 312), quelques policiers robustes "des brutes"…dont l´importance de la masse musculaire semblait s´être faite aux dépens des neurones". L'intégrisme triomphera avec ces policiers qui poursuivront les "paires illégales" puisqu'ils ne permettent pas que les filles sortent avec garçons si seulement ils ne sont ses frères ou ses maris. Les filles avaient à rester dans ses maisons, (page, 251), il avait tourné le couvre-feu pour les femmes. Par sa religion ils essayaient de justifier l'injustifiable: la discrimination à la femme. À la femme algérienne, "devenait lourde de chaînes", ne lui reste plus que suivre les conseils de Zohra: marcher, "car les déserts sont des grands larges au bord desquels l´inmobilité est une hérésie" L'illusion a échoué dans la politique de Bumedian qui a débouché à l'intégrisme. Le coup d'État de Boumedienne en 1965 marque la fin des illusions, surtout des femmes.

Bibliographie basique citée :

-*Les hommes qui marchent* / Malika Mokeddem. Paris : Grasset, 2007   Édition. Nouveau tirage . 321 p. ISBN 9782246492511

Des pages Web consultées :

http://www.youtube.com/watch?v=wz_WF6DnPzI

http://africa-tiene-la-palabra.lacoctelera.net/post/2008/07/20/los-hombres-caminan-malika-mokeddem

http://www.babelio.com/livres/Mokeddem-Les-hommes-qui-marchent/230299

http://www.limag.refer.org/Volumes/Mokeddem.htm

http://bgayetcafelitteraire.over-blog.net/article-29279658.html

http://www.decitre.fr/livres/les-hommes-qui-marchent-9782246492511.html

https://fr.wikipedia.org/wiki/Guerre_d'Alg%C3%A9rie

http://guerredalgerie.free.fr/